I0684225

www.ingramcontent.com/pod-product-compliance
Lightning Source LLC
Chambersburg PA
CBHW021938170626
46807CB00007B/3178

* 9 7 8 1 9 4 9 7 4 3 3 3 3 *

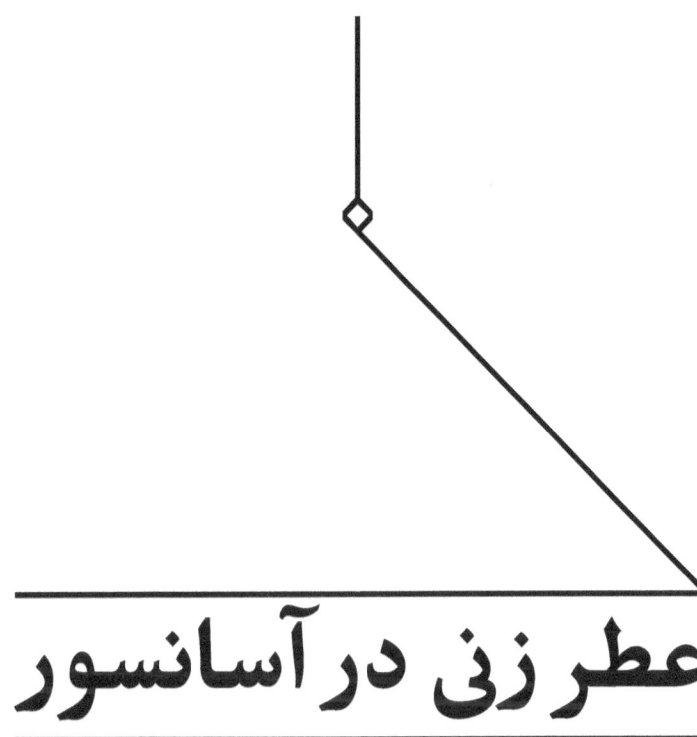

عطر زنی در آسانسور

الهام گُردی

عطر زنی در آسانسور

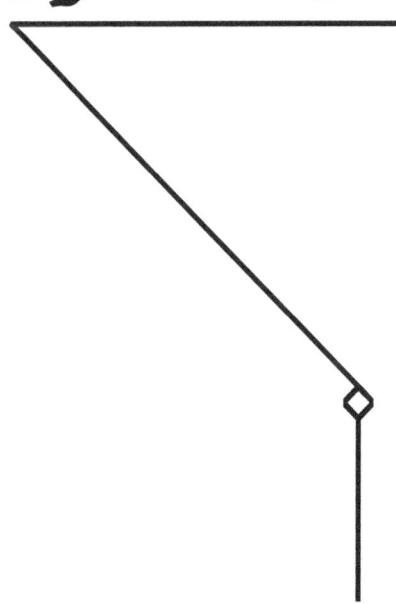

عطر زنی در آسانسور • الهام گُردی

□ طرح □ شعر □ ۱   چاپ چهارم: بهمن‌ماه ۱۴۰۰ □ عکس روی جلد: الهام گُردی □

□ صفحه‌بندی: K-B-STUDIO □ شابک: ۹۷۸۱۹۴۹۷۴۳۳۳۳ □ تمامی حقوق برای نویسنده، محفوظ است. □

به دریا
که تو را برای همیشه از من گرفت
تا بدان‌ام، دریا تو بودی
به عمویم «سعید گردی»

۱۰

برای ندا رضایی

گوشه‌ی بلیطِ هواپیما، می‌نویسم
«دوست داشتن، به جایی دور رفته است»
و عاشق مردی می‌شوم
در بیلبوردی بزرگ
که با تلفن همراه‌اش دیگر تنها نیست...

کشوری شده‌ام
که جمعیت‌اش را فراموش کرده

من، در خاورِ دور دست‌هایت
در خاورِ نزدیک پلک‌هایت
در خاورِ میانه‌ی قلب‌ات
تروریستی ناشی بودم
و تنها، دکمه‌های کوچکی را منهدم کرد
با صدای انفجار
پیراهن تو را به گروگان گرفت

[۲]

پیراهن دیگری می‌پوشم
از این شعر بیرون می‌روم.

۲ ◈

گاهی بیشتر از آن‌چه فکر کنی، دوست‌ات دارم
بی آن‌که عددی به عددی اضافه شود
طوری که تفریق
به شکل مزخرفی هرز می‌رود

پس چه‌طور همیشه یازدهِ پاهایت را
در کفش‌های ورنی مردانه
با بیست اشتباه می‌گیرم؟
چه‌طور ساعت پنج عصر که قرار می‌گذاریم
در کافه
نمی‌دانم به ساعت کدام کشور، منتظر ـ ات باشم؟

عددها محاصره‌مان کرده‌اند
و هر کس، یک روز
در عددی، جمع را ترک خواهد کرد.

۳۰

دستِ نجار
صندلی را تکان می‌دهد
وگرنه درخت‌ها
از مهاجرت خوش‌شان نمی‌آمد
خوش‌شان نمی‌آمد
به آن‌ها بگویم
میز
صندلی
کمد

◈ ۴

دوست‌ام داشته باش، بی‌دلیل
با عکس‌های دو نفره‌ای
که دست انداخته‌اند، دور تنهایی خود
با هزاران سیاه‌پوستی
که زیر روسری‌ام، توطئه‌ی باد را، دموکراسی می‌دانند

به خیابان بیا
قدم بزن با کفش‌های ملی زنی
که فیل‌های زیادی را ترسانده است

در جیب‌هایت بریز دست‌هایم را
به سینما برو
به پارک
یا به هر جایی دیگر
و با کوچکی انگشت‌هایم
دنیا را کارتونی تصور کن
تا بشود بلند ـ بلند به آن خندید
و بگو در کدام آپارتمان، می‌توان خوش‌بختی را وجب به وجب

در آغوش کشید؟
و در کدام سمینار
اعتیاد به دوست داشتن
بیماری بزرگی شناخته می‌شود!؟

در شیشه‌ی عطر ـ ام، گل‌های زیادی تیر خورده است
در تخت‌ام، خواب‌های سپیدی، تَرک
و در تو زخمی، که هیچ‌گاه در من عفونت نکرد

دوست‌ام داشته باش بی‌دلیل

در پایتخت
هنوز هم می‌توان به روزی فکر کرد
که ولی‌عصر، خیابان دو طرفه‌ای بود.

۵ ◈

برای سرشماری آمده‌اند

می‌نشینم، آرام ـ آرام
نبودن‌ات را می‌شمارم.

۶ ◈

به‌جای خود ـ اش حرف زده
در فیلم‌های فارسی
نشنیده صدای آن مرد را « آی خانم کاسه‌ات...»
و لباش، سرخی‌ست که در کاسه، گل داده...

بیست ساله است وقتی نذری می‌برد
سی ساله، وقتی نذری می‌خورد
چهل ساله، وقتی نذری می‌دهد
و هفتاد سال دارد
وقتی سمعک به او می‌گوید «شب به خیر»

در عکس‌ها خندید، دندان مصنوعی
و اگر چشم‌هایش ضعیف نبود، می‌فهمید
عکاس،
چروک را رتوشی می‌بیند در آلبوم

سال‌مندی‌ست این خانه
پرستارها را، گردگیری می‌کند

به دکترها شربت می‌دهد
و آرام می‌شود
در بخشی که سینه‌اش را، جیره‌بندی کرده‌اند

در عکس‌ها خندید
نشنید صدای آن پیرمرد را «باز، ای الهه‌ی ناز...»
و نشست در قطعه‌ی ۲۶۵
نشست و خرما داد
به آخرین تصویری که
از دست‌های کارگردان می‌افتد.

۷ ◈

بد ـ ام می‌آید
از مرزها
از هواپیمایی که در سانحه‌ی تنهایی من، سقوط کرده
و از چمدان، که تابوت لباس‌هایم است

از خانه که در خشم اشیاء بستری‌ست
و قرص‌هایش را، پشت پنجره
ماه می‌بیند
یا آفتاب!

باید فکری کرد
باید در تشک، دست‌های تو را آتش زد وُ
خاکستر ـ اش را زیر بالش، پنهان
به عقب برگشت
در فیلمی سیاه وُ سپید
آن‌چنان زنده‌وُ هم‌دیگر را بوسید
که هیچ تماشاگری، به بی‌لب بودن ما، شک نکند
به خیابان رفت

تکیه داد
به بازوی مردی که، قلب‌های زیادی را خال‌کوبی دارد
و فکر کرد، به صفرهای کوچک
که در بانک‌ها
تلفن‌ها
کارخانه‌ها
مدام تولید می‌شوند

چشم‌ات را به من بده
از شکستگی قلب‌ام، عکس بردار
به پرستار بگو
«هیسِ» بلندی را فریاد بکشد
این شعر، به قصدِ خود - زنیِ تو آمده است

مونتاژ - ام کن
روی لبخند «مونالیزا»
و از زن بودن من
تابلویی نقاشی کن
که همیشه دیوارها، عاشق‌اش می‌شوند.

◈ ۸

سهم‌های زیادی دارد
و در هر سهمی
جنازه‌های زیادی را، گرو گذاشته است
باید روسری‌ام را جلوتر بیاورم
این را برادری می‌گوید
که برادر ـ اش را
برای گرفتن سهم‌هایش
به جبهه فرستاده بود!

۹ ◈

بگذار دوست‌ات داشته باشم
از شانه‌هایت، سرگیجه بگیرم
از دست‌هایت که کمربند ایمنی‌ام هستند
در همه جا
بگذار از تو بگویم
از تو بنویسم
در سپیدترین گوشه‌ی این کاغذ
و شعر دیوانه‌ای باشد
که ما برایش در تیمارستان، گل می‌بریم.

◈ ۱۰

ترانه به او مدیون است
به یغما گلرویی

می‌نویسم استعفا
و مدیر، دستی‌ست که امضا می‌کند
به مرخصی رفته است میز
به دیدن دوست‌هایش که چوب‌بُر بوده‌اند
به دیدن کشوری که سبز بود
و وقتی برق‌ها رفت
اره‌ها، پرچم‌اش را بر دوش می‌کشیدند

می‌نویسم خانه
با چهار حرف خالی‌اش
پیراهن‌ام سیاه می‌شود
جدول را، کناری می‌اندازم
و ماشینی در پارکینگ، خوابِ خیابان را زیر می‌گیرد
حال‌ام خوب نیست
از برج مراقبت
هواپیمایی درخواست نشستن دارد

حال‌ام خوب نیست
سرفه‌ام را دکتر در شربتی، آرام می‌کند
بشقاب را سمت میز می‌چرخانم
از ماهواره، تصویرِ کودکان آفریقاییِ پخش می‌شود
از ماهواره، سلاح‌هایی که سرد وُ گرم روزگار را چشیده‌اند
از ماهواره، زنی بلوند، دورِ میله می‌چرخد
می‌چرخد
می‌چرخد
دنیا دور سر ـ ام

می‌نویسم تنهایی
و هر روز، چند نفر، به جمعیت جهان اضافه می‌شود.

◈ ۱۱

بگذار این اتفاق در آش‌پزخانه بیافتد
میان سرک کشیدنِ سرخِ فلفل
نهضتِ ادامه‌دارِ قطره‌ها
که اعصابِ سینک را قلقلک می‌دهند
با پیش‌بندی که مهیج‌ترین پرچمِ ظرف‌شویی‌ست
و لکه‌هایی که از شکنجه‌ی سبزی، سیاه شده‌اند
آن‌گاه دندان‌های بریده‌ی چاقو
به لب‌هایت حسادت می‌کنند
و در چهار گوشه‌ی اجاق به سلامتی ما، آتش بر پاست
استکان‌ها، کمرهای باریک‌شان را می‌چرخانند
و قندهای خوش‌بختی، بر سرمان، ساییده می‌شود

نگرانِ من نباش
آن‌قدر، زیبا شده‌ام
که وقتی، خرید می‌روم
مردهای زیادی در خیابان
سیگارهایشان را
به سلامتی‌ام، روشن می‌کنند

[۲۲]

آن‌قدر زیبا
که دیگر حق با من نیست
حق با زیبایی من است
و این اتفاق، در آش‌پزخانه نمی‌افتد.

◈ ۱۲

سرگیجه‌های زیادی دارد
قرصی
که تن‌اش را
به آب زده بود...

۱۳ ◈

دندان
جگر ـ ام را دوست داشت
وقتی تنهایی، بر صورتام، اسید پاشید
وقتی از زیبایی‌ام، صوتِ الرحمن می‌آمد
و مادر، پشت به جوانی‌ام، آب می‌ریخت
وقتی آسانسور، بر دستی که بالا رفته بود
شصت را، نشان می‌داد
و بازنشستگی، پدر را یقه کرده بود
ناصر خسرو در رگ‌های برادر ـ ام قدم می‌زد
و سوزن، زیبایی بود ـ با سرنگ می‌خوابید ـ
بیست و دو سال داشت آینه
وقتی پیرمرد، دستی برایش تکان می‌داد

چادر را سر کردم
مادر با کمیل، به دعا رفته بود
چادر را سر کردم
مادر با کمیل، از دعا برگشته بود
چادر را سر کردم

راهبه‌ای بودم در انگلیس
- مردها، تن‌اش را بخیه می‌زدند -
چشمی در سوریه
- نفت از سیاهی‌اش، استخراج می‌شد -
گوش‌هایم، پناهگاهِ جنگ‌های داخلی
دست‌هایم، برانکارد زخم‌های خانگی

چادر را سر کردم
دندان، به جگر گرفتم
و آورگان بی‌شماری در موهایم، اردو زنند.

۱۴ ◈

کلمه را قورت می‌دهم
جنایتی که دست را محکوم به این شعر کرده
به بوی نانجیب خودکار، آغشته است

جمله را مفعولی نیست
مفعول را فعلی
فعل را فاعلی
همه‌ی دردهای من از توست
از مردی که بی‌وقفه از زمان، جلوتر است

ساعت را به عقب می‌برم
ثانیه، گزیده‌ی عقربه است
عقربه، گزیده‌ی مرگ
و تو، با خاطره‌هایم روبوسی می‌کنی

ساعت را، جلو می‌برم
مردی می‌آید
مردی رفته است

مردی رفته بود
مردی...
و من از هر چه ماضی بعید، بد ـ ام می‌آید

کلمه را قورت می‌دهم
جمله را پایانی نیست
و نقطه، حرام‌زاده‌ی بی‌انقراضی‌ست
که در چشم‌هایم دُو ـ دُو می‌زند
جمله را پایانی نیست
از این حال ساده، بیدار ـ ام کن!

۱۵ ◈

هم‌دیگر را چه گرم می‌بوسند
دو میله‌ی بافتنی

◈ ۱۶

با تو قرار می‌گذارم
در پنجاه سالگی‌ام

شاید، مادری باشم
که در تاریک‌خانه‌ی روسری‌اش
از ژست‌های دختر ـ اش
عکس‌های سیاه وُ سپید می‌گیرد

شاید، زنی باشم در مترو
که با کشته‌شدگان دیروز
روزنامه می‌خواند
و به کودکی که جوراب می‌فروشد: «زنده باد»

شاید، دیگر هیچ‌گاه به سینما نروم
کتاب نخوانم
با لگدِ شعری، از خواب، بیدار نشوم
و موزه، منفورترین جایی باشد که چشم‌هایم، دیده است
شاید، قرص‌ها، رنگین‌تر

شیشه‌ی عینک‌ام، ضخیم‌تر
و هر شیء دوری را
جانوری تجسم کنم که یک بار من را، از نزدیک دریده است
شاید
هیچ خیاطی، ظرافت اندام‌ام را صابون نکشد
یا هیچ مردی، در انتهای خیابان، چشم‌هایم را لعنت نکند
ولی هیچ‌کدام نمی‌تواند آن‌قدرها مهم باشد
تا دو باره، به کافه نیایم
گره روسری را، تاب ندهم
به مردی فکر نکنم که همه‌ی عمر، دوست‌اش خواهم داشت
و دو باره، چای از دهان نیافتد!

۱۷ ◈

مادر ـ ام می‌خواست، زنی باشم شبیه مادر ـ اش
مادر ـ اش می‌خواست، زنی باشم شبیه دختر ـ اش
و من از هر چه خواستن بود، بد ـ ام می‌آمد
از پرده‌ها
که نجابتِ پنجره را کتمان می‌کردند
و در هر سکانسی، باد
آخ! بادِ لعنتی
تنهاییِ شیشه را به بازی می‌گرفت
از قرمه ـ سبزی
که چون جاسوسی سیاه، در آش‌پزخانه، پرسه می‌زد
و با هزار چشمِ بلبلی‌اش
از احوالات خانه، نسخه برمی‌داشت

فکر می‌کردم
به سمعک بازی‌گوشِ پدر ـ بزرگ
در جهانِ بزرگِ گوش‌هایش
و به اخبارِ نیم‌روزی
که در موج‌های رادیو غرق شده بودند

انگار هفته‌های لاابالی
مثل سیگارِ برگ
در دست‌های تقویم
موهای من را دود می‌کردند
من، به شکل بدقواره‌ای شبیه خود ـ ام بودم
و خدا با چرخ خیاطی‌اش، تنهایی‌ام را کوک می‌زد
من، به شکل بدقواره‌ای
با مردی که جنازه‌ی زن‌های دیگر را
با خود به سردخانه‌ی دو نفره‌مان می‌آورد
با خانه‌ای که آجرهای مقوایی‌اش
کاردستی کاذب انگشت‌هایم بود
با پنجره‌هایی
که به شکل غمگینی در پلک پرده قی می‌کردند
شبیه زنی بودم که شبیه تو نبود
شبیه الهام، که در تراس می‌نشیند
چای می‌نوشد
و فکر می‌کند
به زنی که در اخبارِ نیم‌روزی، گم شده است...

◈ ۱۸

دست‌هایم را در آیفون، جا می‌گذارم
و تصویرِ خالی زنی، در خیابان پخش می‌شود
دست‌هایم را در رادیو:
«این‌جا تهران نیست
ساعتِ چهار، به وقت لس آنجلس»
و صدای خش‌دار مردی
در گوش‌هایم، آویزان
دست‌هایم را در آش‌پزخانه، جا می‌گذارم
و انگشت‌هایم پشت بشقاب‌ها، فسیل می‌شوند

خمیازه می‌کشم با برفک‌ها
و تلویزیون، خوابِ خبری را می‌بیند
که در سازمانی، جنگ را تحریم کرده است

دست‌هایم را در تاکسی، جا می‌گذارم:
باران، پشتِ شیشه
دربست، تا تهران می‌بارد
در کاغذ اما برف...

[۳۶]

زنی با سی وُ دو حرف
خودکشی کرده است.

◈ ۱۹

بخند مادر
به دختری که بسیار گریسته است در آش‌پزخانه
با سیاهیِ میوه‌هایی که یخچال
بهشت موعودشان است

به گلدان
که آب می‌خورد وُ مست می‌کند، آمازون را
به تراسِ کوچکی
که در آن، لباس‌های زیر ـ ام با رویِ باز، آفتاب را داغ می‌کنند

به حساب بانکی‌ام
که با صفر، بیدار می‌شود
با صفر، به خواب

بخند مادر
بلندتر از سقفی که هرگز نداشته‌ام
بر این همه خوش‌بختی
با قندهای قندان

که در تلخیِ چایی‌ام، آب می‌شوند

گوش کن به من
به همه‌ی اعدادی که برایت
دوری‌ام را هدیه آورده‌اند
الو... الو
چرا گوشی را بر نمی‌داری مادر؟

◈ ۲۰

بايد به كوچه بر می‌گشتم
و تیله‌های تو را
از میانِ هلهله‌ی شیشه‌ها
عروسی بمب‌ها وُ خانه‌ها
به پناهگاه می‌آوردم
پناهگاه، زیرِ زمینِ غمناکِ مادر ـ بزرگ بود
ـ با صدای آژیر، خود را خیس می‌کرد ـ
نقاشیِ مبهمی، از ترس‌های ما
با صدها لب
صدها گوش
و دمپایی‌هایی که راه فرار را، گم کرده بودند

گوشواره‌های زری خانم
به جبهه می‌رفت
ـ در خط مقدم، شلیک می‌شد ـ
محلِ کار پدر
با بازیگوشیِ موشک‌ها، گوش‌هایش را می‌گرفت
و عروسک‌های من بودند

ـ در وضعیت قرمز
با چشم‌های خیس ـ
که به دست‌هایم پناه می‌آوردند

باید بر می‌گشتم
تیله‌های تو را
همراه با آب نبات‌هایم
در پناهگاه، چال می‌کردم.

باید فرو می‌رفتیم
با همه‌ی دو چرخه‌ها
هفت‌سنگ‌ها
بادکنک‌ها...

۲۱ ◈

بادکنک‌ها
تجدیدیِ ارتفاع هستند
هی، مردودِ پشت‌بام‌ها می‌شوند!

◈ ۲۲

لبخند زده بود پدر
در عکسی دو نفره
پیش از آن که به زن‌های دیگری فکر کند
و مادر پیش از دیپلم

مدرسه‌ی بزرگی‌ست آلبوم
و هر صفحه، دانش‌آموزی که یک بار از آن رد شده

سر ـ ات را بر شانه‌ام بگذار
هیچ‌کس نمی‌داند، آن سوی تصویر
کدام یک، زودتر خیانت خواهیم کرد!؟
و یا شکلِ انگشت‌ها
که هفت‌تیری‌ست
ـ خلاصی را دوست دارد ـ

به دوربین نگاه کن!
بگو پنیر
موش‌ها از جویدن، دست برنمی‌دارند

و کلاغ، در سپیدی برف، پنهان نخواهد ماند

پنهان کن لرزش همیشه‌ی دست‌ام را
وقتی می‌خواهد، دستی را بگیرد
زندگی در عکس‌ها، تار می‌افتد.

◈ ۲۳

چراغ را روشن می‌کنم
رفته‌ای
و در تخیل هیچ دکمه‌ای، دست نبرده‌ای
در گلوی لامپ، رگ‌های قرمز خورشید را ندیده‌ای
اشتباه نکن
از حمام، هنوز هم صدای سهمگین امواج می‌آید!
در ذهنِ سپیدِ وان
می‌شود با سنگِ پا، موج سواری کرد
شامپو را شبیه نرم‌تنان، به بغل خواند
و دزدهای دریاییِ حباب را، به هیچ انگاشت
یا با بلمِ ریش‌تراش، کالای قاچاق را، به بوسه‌ای معامله کرد
بی آن‌که آب از آب، تکان بخورد
انگشت‌هایت، زیر ـ دریایی‌ست
ـ اکتشاف را دوست دارند ـ
مرجان‌های سبزِ صابون، احاطه‌شان کرده

جزر وُ مد این‌جا را، حرکت پاهای تو تعیین می‌کند

و مخملِ حوله، بزرگ‌ترین بادبان توست

به جست‌وُجوی گنج‌های جزیره‌ای دور
لنگر انداخته‌ای
کوسه‌های سیاه رفته‌اند
عروس دریایِ لیف
در گوشه‌ای کبود شده است
و هوایِ شرجی غمگین
موهایم را لیس می‌زند

چراغ را که خاموش می‌کنم
ماهِ بی‌جانی، بازمانده‌ی آخرین تصویر است
تو رفته‌ای
و من هیچ‌گاه، پری دریایی نبوده‌ام.
...

۲۴ ◈

از سقف، حلق‌آویز شده
لوستری که
خورشید را انکار می‌کرد.

۲۵ ◈

رنگ می‌بارید
کُرسی
با سَردانه‌های کامواِ مادر ـ بزرگ جوانه می‌زد
شیطنتِ سوزن
اندامِ لحاف را
در چهل تکه‌ی رنگی، تقسیم کرده بود

مادر، زن عجیبی بود
کفش‌هایش، به ساختمانی هفت طبقه
زبان درازی می‌کرد
و خاله جان، از درد پاهایش
با زنجبیل وُ باندِکشی، هم‌سایه می‌شد

کودکی، کُرسی بود
برای همیشه، در انباری حبس شد
مادر ـ بزرگ بود
که میله‌های بافتنی، بدون او زنگ زدند
و هر چه زنگِ خانه، به صدا در آمد

[۵۰]

کسی، در را باز نکرد
باز نکرد کسی
لحافی را که با نفتالین
در کمدِ آپارتمانی کوچک، هم‌خوابه شده بود
من خواب‌ام می‌آمد
خواب‌ام برد
خواب‌ام برده است

حالا، زنی سی ساله‌ام
که در کف دست‌هایش
نقشه‌ی زندگی را، مطالعه می‌کند.

۲۶ ◈

باغ، فیلم کوتاهی بود
با عصای پدر ـ بزرگ، اکران می‌شد
من اما تماشاچی خوبی نبودم
فکر می‌کردم پرتقال، سرطانِ خون دارد
درخت‌ها شیمیایی شده‌اند
انگور، داروی بی‌هوشی خورده است

فکر می‌کردم
در اتاق عمل، می‌شود انار را به قلب مادر ـ بزرگ، پیوند زد
تا با انگشت‌هایش، یاقوت دوخته شود
اما محصول بیمارستان، سپید است سپید
مثل برفی که شب گذشته می‌بارید
و امروز، گوشه‌ی حیاط را، لکه‌دار
مثل تنبلی ملافه‌ها
در تختی دو نفره
که خواب را سنگین می‌کند

بیدار ـ ام کن از این بیداری

در وانتی که به شهر می‌رود
با صندوقی که میوه‌ها به او رای داده‌اند
و گوش کن به صدای برف ـ پاکن
برای گریه‌ی بهار، دست می‌زند.

۲۷ ◈

برای خواهر ـ ام الناز

به اندازه‌ی تمام برف‌هایی که در تهران می‌بارد
دل‌ام برایت تنگ شده است
به اندازه‌ی بلندی کاموا
در اتاقِ سرد
که فلسفه‌ی گرما را می‌بافد

به اندازه‌ی حوضِ بزرگِ پارک نیاوران
که درشتیِ ماهی‌هایش
در چشم‌هایم، نهنگ بودند
و با ته‌مانده‌ی ساندویچِ من
هر روز، به عروسی مجللی می‌رفتند

به اندازه‌ی سپیدی گیس‌های مادر ـ بزرگ
که هر روز با کشی سیاه
حلق‌آویز می‌شدند

به اندازه‌ی زیبایی سارهای تجریش

که دیگر هیچ چنار پیری، نشانی از آن‌ها ندارد!
اندازه‌ی طعمِ سرخِ لبو
در بذاق دهان‌ام
که موذیانه، تراوش می‌شد
یا اندازه‌ی شیطنت پاندولِ ساعتِ دیواری
در سکوتِ مهمان‌سرای خانه
که دنگ دنگگگگگگگ نبودن من را
به یاد پدر می‌انداخت

چه کسی می‌داند
من، چه اندازه دل‌تنگ تو می‌شوم؟

۲۸ ◈

پلک می‌زنم
صورت‌ام را بند می‌اندازد
دست روزگار...

Scent of a Woman in the Elevator | Elham Gordi

Elham Gordi is hereby identified as author of this work in accordance with Section 77 of the Copyright, Design and Patents Act 1988

Cover and Layout: Kourosh Beigpour | www.kbstudio.net | TARH Publication
ISBN: 978-1-949743-33-3

Elham Gordi

Scent of a Woman in the Elevator

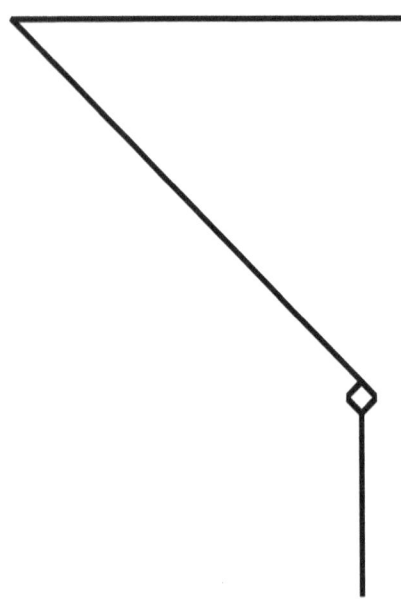